CONTENTS

茶の湯の籠 3種 2

必要なものは、これだけです 4

準備篇

Lesson 1 ひごづくり1 5
Lesson 2 ひごづくり2 6
　刃の割り入れ方が同一方向ばかりだとななめ割れの原因に 6
　しまった！ こうなったら、どうする？ 8

六目籠花入 9

Lesson 1 底を編む1 10
　幾何学形の網目は、角度をあわせて正確に並べていこう 11
Lesson 2 底を編む2 12
Lesson 3 胴を編む 14
　ヌキとマゴ、六目籠の1番のポイント 14
Lesson 4 口を編む 16
Lesson 5 手をつける 18

菜籠 [炭斗籠] 20

Lesson 1 底を編む 21
Lesson 2 胴を編む 22
　ここでヌキが浮いても動じないこと しっかり大きさを定めよう！ 23
Lesson 3 口を編む 24
Lesson 4 底のすき間を埋める 26
Lesson 5 内貼をする 27

鶴首籠花入 28

Lesson 1 底を編む1 29
Lesson 2 底を編む2 30
　ひごは折れやすいものあたらしい竹を接いで、作業再開 30
Lesson 3 胴を編む 31
Lesson 4 胴から首にかけて編む 32
　離れて全体を見直すことが大切 32
Lesson 5 口の始末、編み戻し 34

籠 Q&A 37

おもな竹の種類 38

材料・とり扱い先 39

茶の湯の籠 3種

茶席で活躍する籠と言えば、第一に花入、そして炭斗があげられます。本書では、花映りのよい籠花入2つと、おけいこにも最適な炭斗をつくってみましょう。
素材は白竹を使い、あっさりとした味わいに仕上げます。
六目籠花入と菜籠は初心者向き、鶴首籠花入は中級者向きです。
初心者がつくりやすい籠は、素直に編めるものが適します。
茶席に調和する一品を手づくりしてみましょう。

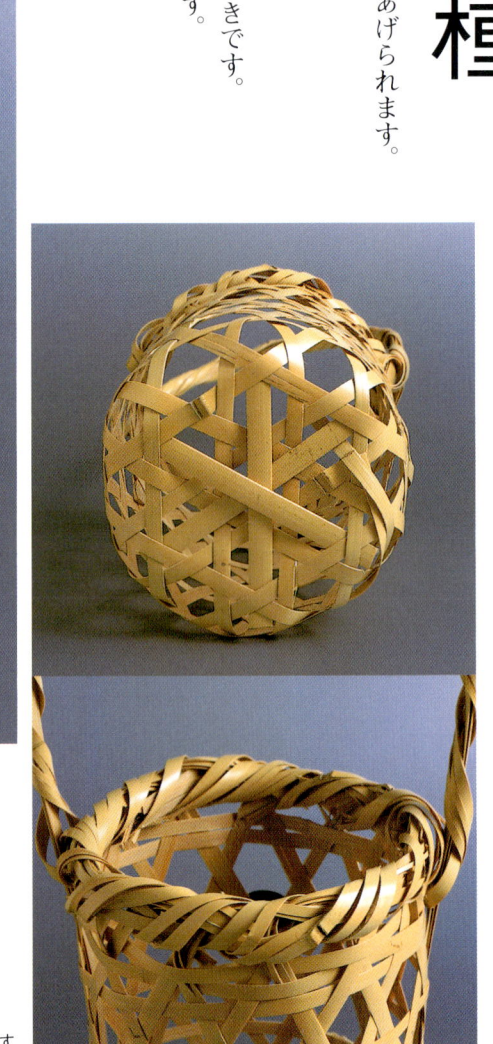

六目籠花入
むつめかごはないれ

別名、蛇籠(じゃかご)。河川の護岸で流れを緩めるために使う竹籠が蛇籠で、亀甲形をした伝統的な網目が特徴です。古くから陶器や着物などの意匠として人びとに好まれてきました。手付きのデザインは使い勝手がよいでしょう。

口と手は、縁巻とよばれる方法で処理します。

受筒（うけづつ）

籠花入の製作と同時に、受筒をつくります。花入からはみ出さない高さをはかり、底に節を残してカット。口は切りっぱなしにせず、やすりで整えるとよいでしょう。

菜籠（さいろう）

炭斗（すみとり）の一種。すっきりとした白竹のこれは風炉の季節にふさわしいもの。炭斗をつくるときのポイントは大きさです。一般的に風炉の炭斗は小さくて深いもの、炉の炭斗は大きくて浅いものと言われます。

鶴首籠花入（つるくびかごはないれ）

古銅の花入を模した姿。竹の身（竹の表皮を薄く剥いだもの）を使用するため、自然と茶味あふれる趣きとなります。このような籠は、端正にきっちりと編み上げるよりも、手づくりのあたたかみを残すようにしたいもの。作者によって、フォルムが少しずつ変化するのがおもしろいところ。

必要なものは、これだけです

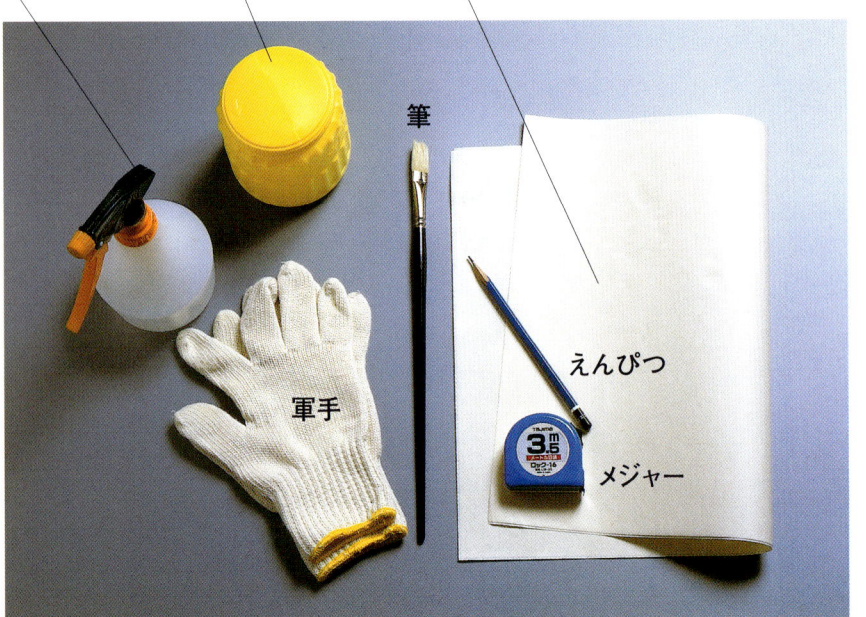

はさみ
ひごを切るときは、剪定に使うような丈夫なものを用意。

千枚通し

小刀
少なくとも定価が千円～2千円程度のものを用意します。あまり安いと、すぐに刃がこぼれたり切れ味が失われます。

竹挽鋸 たけびきのこ
専門店には、このような竹専用ののこぎりがあります。もしくは木竹工用（薄刃）でもかまいません。

細工鉈 さいくなた
竹を縦割りするときに使う大きめの鉈（刃渡り20cmほどで重めのもの）と、厚みを割くための小さめのもの（とりまわしが楽な、刃渡り13cmほどのもの）、2本あれば便利です。

霧吹き
竹が乾くと作業しにくいため、水を補給しながら作業を進めます。

のり
紙工作用の大和のり。内貼の和紙を貼るときに。

和紙
炭斗の内貼に使用。薄い和紙だと重ねて貼ったほうがきれいなので、余分に用意します。本書では美濃紙ぐらいの厚さを使用。

軍手

筆

えんぴつ

メジャー

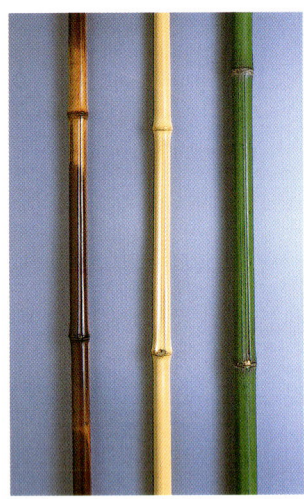

竹
本書の籠製作には真竹の白竹（中央）を使用。初心者は柔軟性のある青竹を使っても。煤竹（左）は、扱いがむずかしいため上級者向きの素材（竹の解説は38頁参照）。

Lesson 1 準備篇

ひごづくり 1

籠づくりにおいて、素材(ひご)づくりが全作業の半分の仕事、とも言います。つくりたい籠にあわせて、ひごをつくるのが第1段階。ひごの長さが十分にあれば、途中に何度もつぎ足す必要がありません。作業効率を考えると、長さ1m以上の竹を用意するとよいでしょう。とくに大きめの籠をつくる場合は長いひごが適します。

1 直径約5cm、厚み6mm、長さ1m以上(これは1m40cm)の真竹を例にとります。周を24分割して(※竹の直径によって分割数が変わります。これは六目籠の場合で幅5mm)、印をつけます。

○ 直径が太くなると、厚みも出てきます。これぐらいの径と厚みのバランスが扱いやすいようです。

2 端に節があると、うまく割れません。あらかじめ節を落としておきます。

3 大きめの鉈を使って、まず2分割します。

4 安全のために下に台を置き、垂直に刃を立て、ゆがまないように一刀入れます。

5 節のところはやや堅いため、力を入れますが、節のないところは鉈の重みを利用して、トントンと叩くようにすると自然に割れます。刃の動きにあわせて、かがむ姿勢になります。

6 さらに半分に割るため、刃を少し入れます。

7 竹を写真のように持ち直し、節に気をつけながら垂直に割ります。

○ ケガをしないように、初心者は軍手をしましょう。

Lesson 2 準備篇

ひごづくり2

作業においてむずかしいのは、一定の幅、均一な厚みのひごをつくるということ。ただ割るだけならば、力任せに刃を進めてもかまいませんが、それだとまっすぐなひごにはなりません。鉈の刃を上手に操って、細くなりかけたら太くなるように、太くなりそうなら細くなるように刃向きを調節しましょう。

1 印どおりに縦割りします。

2 5mm幅に割ったひごを、これから剥いで薄くしていきます。

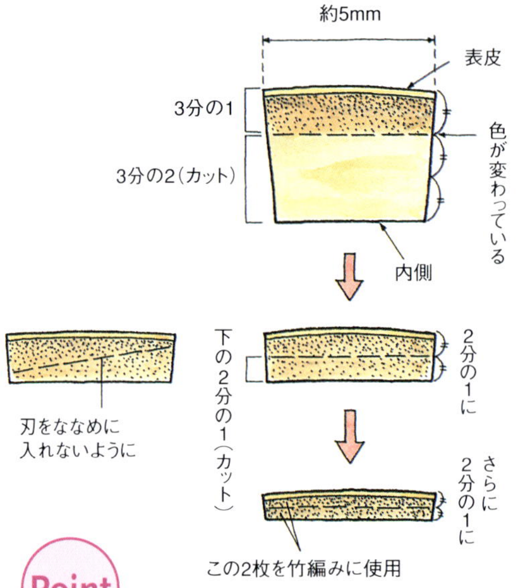

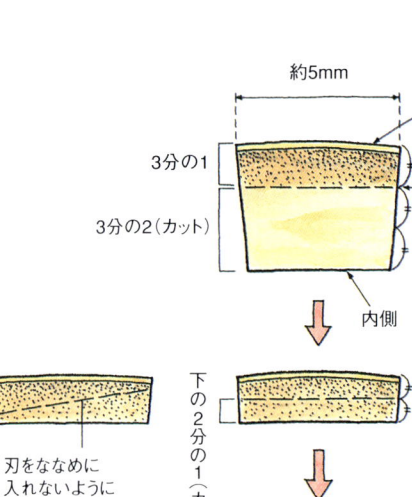

刃の割り入れ方が同一方向ばかりだとななめ割れの原因に

　繊維の強い竹を分割するとき、たいていは個人のクセによって、左なら左にばかり刃を傾けながら割るものです。

　ふつうならそれで何も問題ありませんが、籠のひごは意識しながら一定の幅のひごにしなくてはいけません。

　まず一刀入れて割ったら、次はさっきと反対方向に刃を傾けるようにします。刃の向きを交互にしながら鉈を進めることによって、だいたい同幅に調節することができます。

　また、刃を傾ける角度もほぼ同じにしましょう。クセの強いほう(力が入るほう)は自然に傾ける角度も広くなりますが、そうでないほうは狭くなります。角度が違えば、これまた幅が変わる原因になります。

5 3分の1にした竹を、さらに半分に剥ぎます。ここで鉈から小刀に持ち替えます。

○ 刃が水平を保っている

× 刃がななめになっている

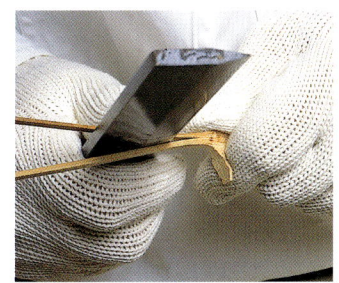

3 まず断面で色が変わっている3分の2を落とします。

4 堅い節は、割れてゆく先を確認しながら慎重に。刃を下に向けて剥ぎます。

6 すべらせるような感じで、刃を進めます。

7 堅い節は、刃をこじ入れるようにして力を入れます。

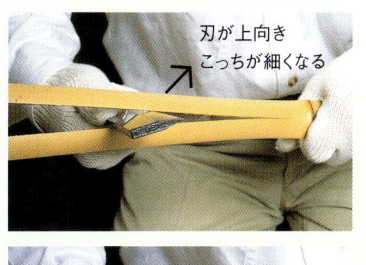

刃が上向き
こっちが細くなる

刃が下向き
こっちが細くなる

しまった！こうなったら、どうする？

途中でちぎれてしまったら、使える分だけ厚さを整えて使用します。節を割るところはとくに注意。

一部分だけ幅が狭くなってしまったものは、狭いところにあわせて細く仕上げます。籠の種類によっては、細幅の竹も部分的に使用します。たとえば手付き籠の縁を巻くときなどに。

8 24分割（5mm幅）に縦割りした竹1本から、2本（1枚は表皮つき、1枚は表皮なし）のひごができました（合計48本）。最終的な厚さは0.3mmほど。裏のケバ立ちを整え、厚いところを均一にします。

9 ケガをしないように、かならず横のささくれもとります。

11 表皮つきのひごと、表皮なしのひごに分けて、軽くたばねておきます。

10 官製ハガキの厚さが目安です。

12 籠を編む前日より、ひごを一昼夜水につけてやわらかくしておきます。

○ ケバ立ちを整えるときは、霧吹きで竹を濡らすとやりやすいでしょう。

六目籠花入
むめ かご はな いれ

伝統的な網目の六目籠をつくってみましょう。ひごさえ用意できていれば、3時間あればつくれます。手付きのデザインで、うしろに花環もつけますので、置花入でも掛花入としても使えます。

Lesson 1 六目籠花入

底を編む 1

六角形の六目は、構造さえのみこんでしまえば、手が覚えます。均一な六目に仕上げられるように、あきの幅や角度をきっちりそろえます。基準となる六角形のひとマスが大きいと、籠全体が大きくなりますので気をつけましょう。

材料

ひご（表皮つき・官製ハガキの厚さが目安）
- タテ（経竹）　5mm幅×60cm　12本
- マゴ　　　　　5mm幅×40cm　1本
- ヌキ（横竹）　4mm幅×1m40cm　2本
- 縁巻用　　　　3mm幅×1m40cm　2～3本

※折れてつぎ足すこともあるため、余分に用意するとよい

張竹　8mm幅×40cm　1本（厚み1mm弱・表皮つき）
手用竹　7mm幅×60cm　1本（厚み1mm弱・表皮つき）
花環　1つ（花器専門店で購入）

- タテとは籠の骨組みとなる竹のこと
- マゴとはタテの数を調節するために入れる竹のこと
- ヌキとはタテに対して横に通る竹のこと

※たとえばタテとヌキは、織物の縦糸・横糸にあたる。ヌキは、タテと組み合うことによって、全体の形をつくっていく役割。マゴは、おもに偶数本になりがちなタテの数を、奇数本にして交互に編むために底に入れる竹

❀重なり部分に節がきたら、ずらして節を除けます。素材の竹にもよりますが、節が多い竹からひごをつくった場合は、若干長めにとってもよいでしょう。

1 長いひごは、あらかじめカットして扱いやすくしておきます。

2 はじめに3本のひごを写真のように交差させます。表皮のついているほうが表です。

3 上に横の竹を足します。

1.7cm

4 さきほどと同じあきを保って、ななめにも竹を足します。

幾何学形の網目は、角度をあわせて正確に並べていこう

幾何学模様のうつくしい網目をつくるには、角度をきれいにあわせながら、並べていくのがポイント。写真のように裏返して、交差したところに印をつけてみます。1辺が同寸ならば、きれいな六目になっているはずです。

あきや角度がゆがまないように、片方の手で押さえつつ、もう一方の手（利き腕）で、竹を足して編んでいくという分業作業です。はじめはゆるく、最後にまとめてきれいにつめるつもりでも、きっちり編まれた竹は、容易に修正できません。1本ひごを入れるたびに、なるべく正確に置きましょう。

Point

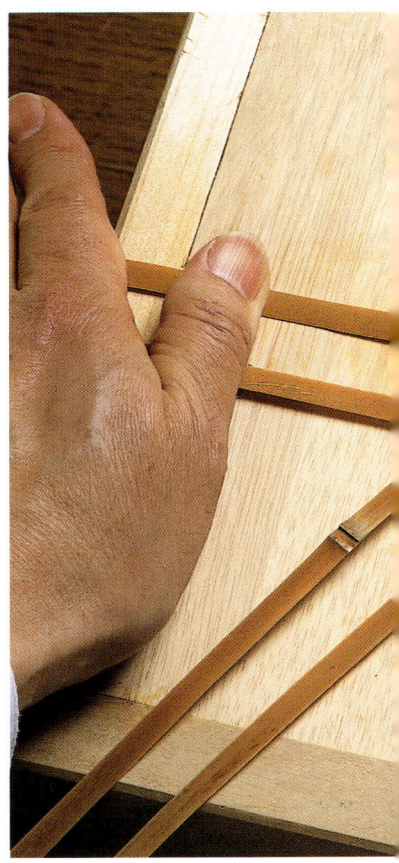

5 基準の六目がひとつできました。

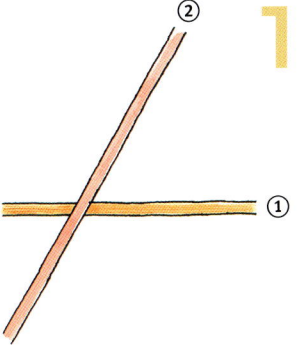
1

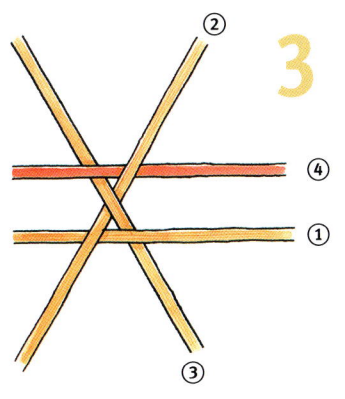
3

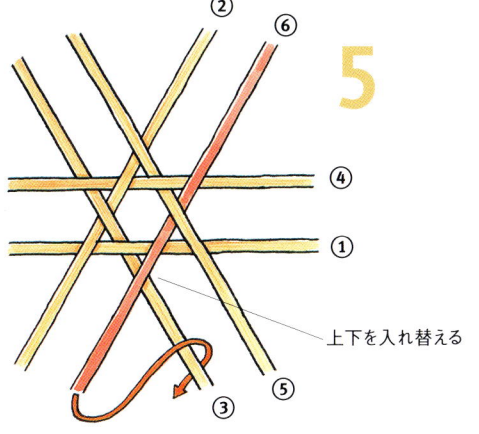
5

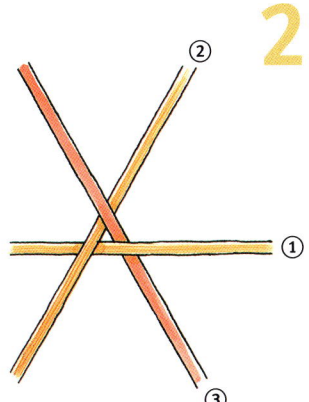
2

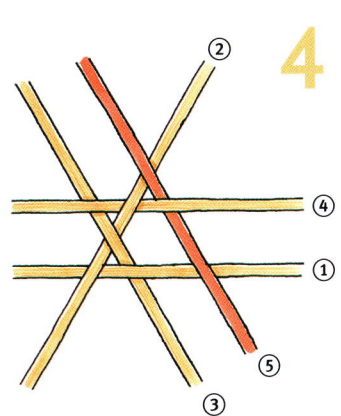
4

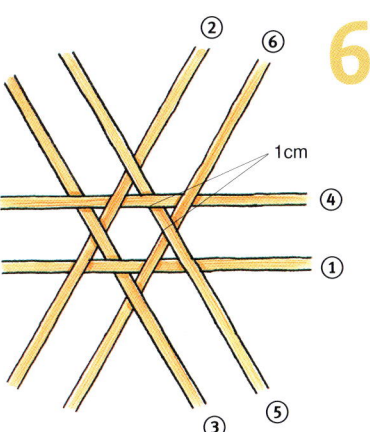
6

底を編む2

Lesson 2 六目籠花入

3方向に4本ずつ、計12本のひごを編んで底をつくったら、張竹（はりだけ）と呼ばれる竹を入れます。とくに底面が小さい籠は、この張竹を入れないと、底が丸まって安定しません。おさまりのよい籠にするためにも欠かせないものです。

1 ひんぱんに水分を足しながら編み進めます。薄いひごは乾くと折れやすくなります。

2 さきほどと同様に、竹を足してゆきます。

3 3方向に4本ずつ12本を編み終えたら、底の完成です。マス目をきれいに整えて、長さの中心に最初の六目がくるように、ひごをずらすなどします。

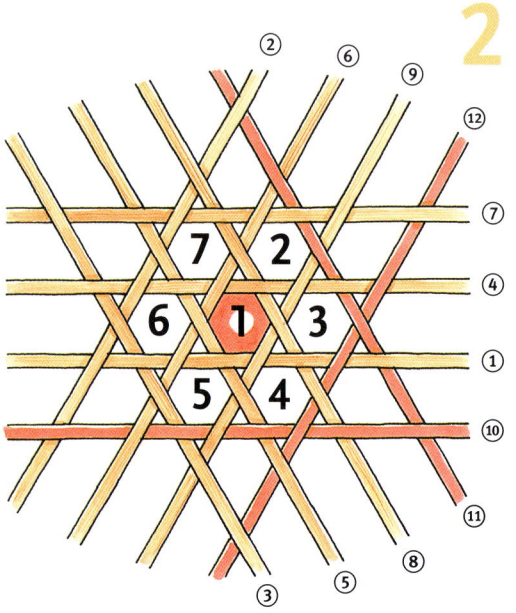

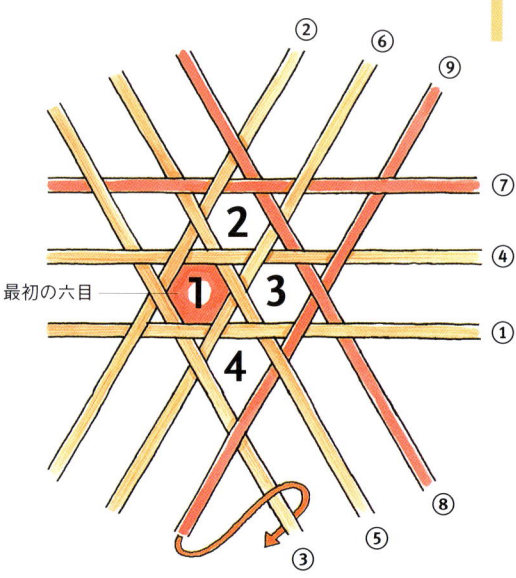

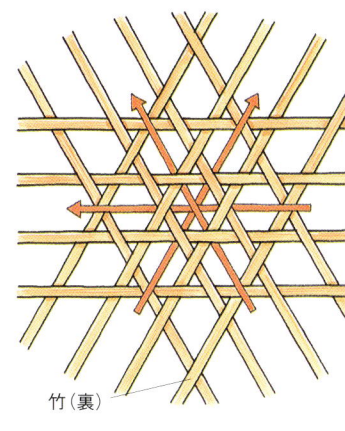

4 全体を裏返し、張竹を差し入れます。端が網目に少々重なると固定します。

竹（裏）

張竹の入れ方

✿ 長い竹を差し込んでから、カットするのがポイント！短い竹だとうまくゆきません。
また、張竹は節のない平らな部分を使います。
どんな籠でも、張竹を入れたら、次の段階。
腰立て（側面の立ち上げ）と呼ばれる作業に入ります。

5 表の状態。張竹を入れて安定しました。

6 竹全体をたらいにつけるなどして、たっぷりと濡らしてから立ち上げに入ります。ひごを写真のように撓めてみます。底面の大きさは、直径約10cmが目安。

Lesson 3 六目籠花入

胴を編む

1 重なりを直しておきます。

2 六目籠は側面も六角形の目になるように、ヌキを入れて側面を編みます（ヌキの説明は10頁参照）。ヌキは底に使用したタテ（経竹）より1mm狭い4mm。

○マゴを足すことで、竹の数が奇数になって、2段目以降も互い違いに編むことができます。

ヌキとマゴ、六目籠の1番のポイント

　イラストをよく見ながら、ヌキ（横竹）とタテ（経竹）の関係を間違わないように注意しつつ、作業をしましょう。順序を間違えると、網目が六角形になりません。

　とくに注意したいのは胴編み1、2段目のとき。ここで籠の直径を調整しておかないと、あとで直すのはむずかしいでしょう。竹は反発が強いため、初心者は直径が大きくなりがちです。右手でヌキをしっかりと引っぱって、予定の直径10〜11cmにします。竹を大きく曲げて立体にしていくところですから、時間がかかると割れるおそれがあります。霧吹きなどで水分補給はこまめに。

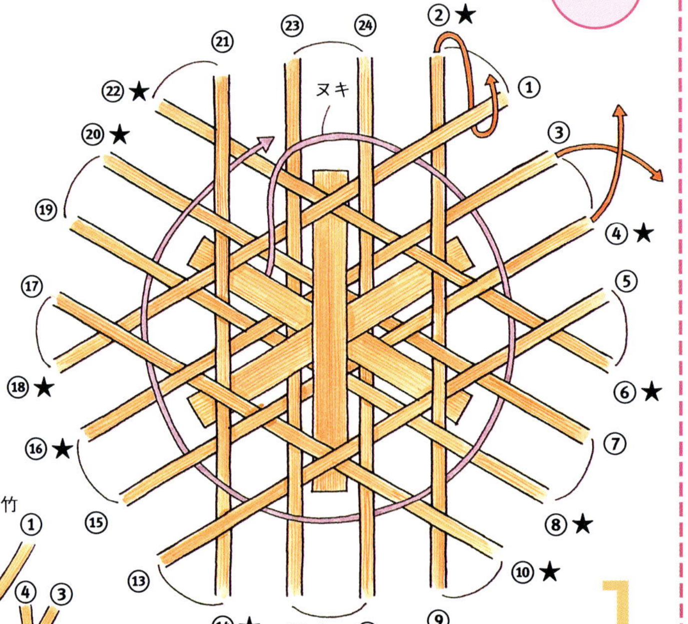

1 張竹と底編みとの間にヌキを差し入れます。①と②、③と④、⑤と⑥……が1組のペアと考えてください。垂直に曲げることで、このペアの竹が交差します。そのとき★印の偶数数字竹が上にくるように、かならず重なりを直します。

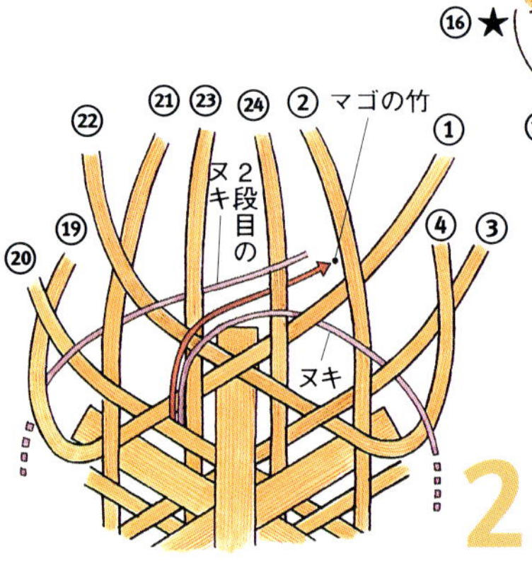

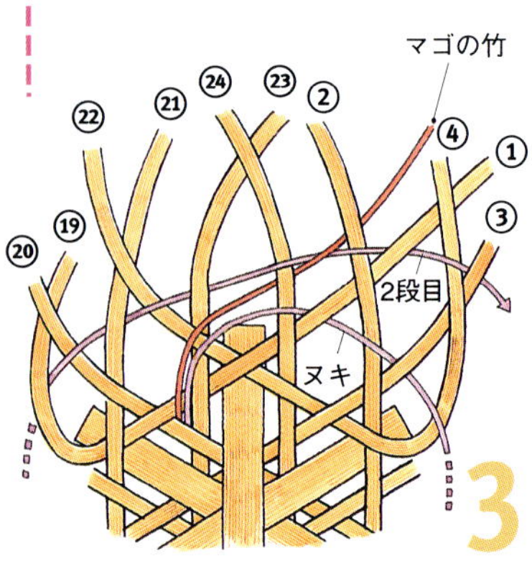

4 3段目ぐらいになると、しっかりと立ち上がり六目が安定します。もしヌキが切れたら、同幅の新しいヌキを前のヌキの上につぎ足します。

3 側面1段目ができたところで、構成上必要なマゴ（5mm幅）を足します。

5 高さ15cmほどまで編めたら胴編みは終了。らせんのヌキをなるべく平行にして1巡します。

6 写真のように、タテを2本とばしに変えて、また2巡ほどします。

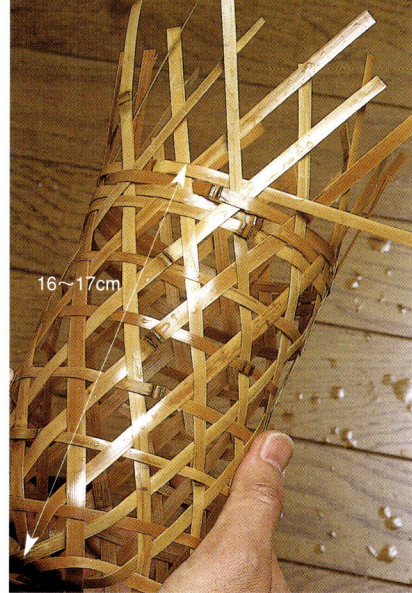

8 余分のヌキをカットします。

9 これから口辺を編むため、よく濡らしておきます。

7 これで固定しました。

Lesson **4** 六目籠花入

口を編む

口辺の処理をします。ここでは、タテ（経竹）を2本に割る方法にしました。竹の反発力が弱くなって、止めやすくなります。ささくれは、最後にはさみでカットする（もしくは遠火であぶる）などします。くれぐれもケガをしないようにしましょう。

1 タテを半分に割ります。堅い節のところは、小刀かはさみで。まず右向きのタテだけ止めてゆきます。

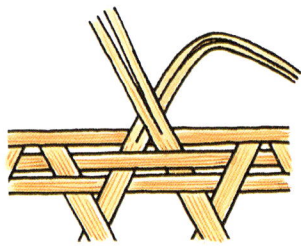

皮目が上を向くようにして重ねて曲げる

2 1周めの最後は他と同じになるように最初の網目に入れます。

3 縁の高さをそろえるときれいに見えます。

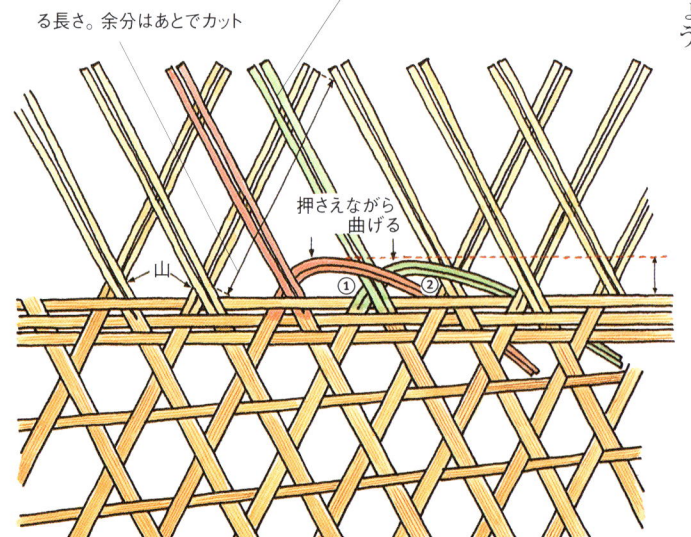

①を抜けて、②の山の裏におさまる長さ。余分はあとでカット

2本に割ると曲げやすい

押さえながら曲げる

山

4 残った左向きのタテも同様に、右向きと同じところに入れて止めます。

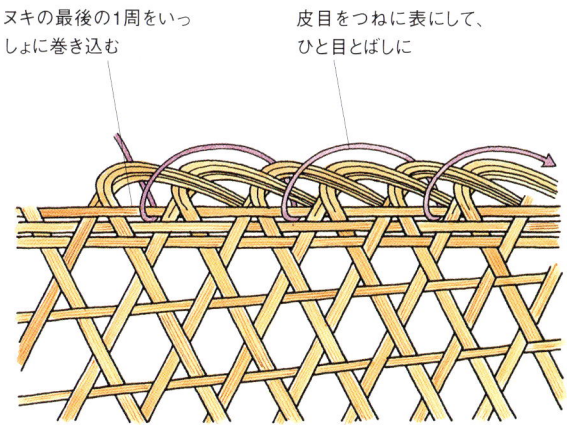

ヌキの最後の1周をいっしょに巻き込む

皮目をつねに表にして、ひと目とばしに

5 3mm幅の竹で、口辺を縁巻します。

✿縁巻の竹の先端をななめにカットしておくと、通しやすくなります。巻き方をきつくすると、堅い印象の口になります。ざんぐりと風合いを出して。

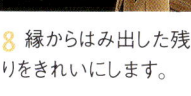

8 縁からはみ出した残りをきれいにします。

6 目がきれいに表れるように、山をひと目とばしに。とばしたところは2周目で巻きます。

7 2周ほどして全体を巻き終えたら、端を見えない内側に通してカット。

Lesson 5 六目籠花入

手をつける

このままでもかまいませんが、手をつけると、より風情が出て、茶席にふさわしい籠となります。手の長さは胴体とのバランスを考えて。

1 手用の7mm幅の竹の先端を山型にカットします。

2 端が裏側に隠れるように差し入れます。

3 手も縁巻をします。さきほども使った3mm幅の竹を、手の根元に近い口辺から差し入れます。先端をななめに切っておくと作業しやすいでしょう。

8 花環をつけて完成です。花環が手に入らない場合は、竹で輪をつくり、しっかり止めてもOK(水を入れた受筒を入れるため、かならず丈夫にすること)。

4 写真のように、巻きの間隔を広めにとって、反対側に送ります。反対の根元まできたら、本体の網目にきっちり固定して、またすき間を埋めるようにして戻ります。

●戻るときに巻きの向きを逆にしないように注意!

5 最初の根元まで戻ってきたら、15cmほど残してカットします。

6 口辺の縁巻の中に隠すようにして止めます。

7 余分をカット。

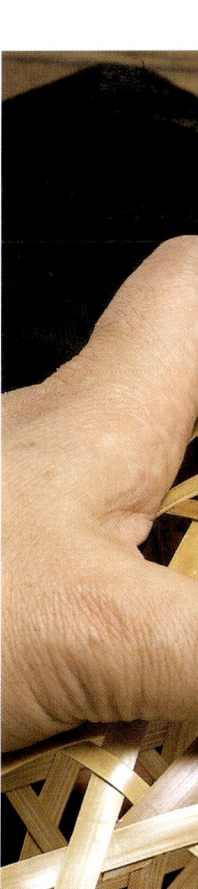

菜籠［炭斗籠］

もともと菜を入れて持ち運んだ籠を、茶人が見立てて炭斗に使ったのがはじめです。
利休百首にも
"風炉の時炭は菜籠（さいろ）にかね火箸 ぬり香合に白檀をたけ"とあります。
きわめてシンプルなかたちで、使いやすいのが特徴。
自作の炭斗なら愛着もひとしおですし、稽古道具として、惜しげなく使用できます。
本来は、内部を炭の汚れが目立たないように黒漆塗りしますが、本書では和紙色を生かして仕上げました。

材料

ひご（表皮つき・固めの画用紙ぐらいの厚みが目安）
- タテ（経竹）　6mm幅×70cm　22本
- マゴ　　　　　6mm幅×40cm　1本
- ヌキ（横竹）　1mm幅×1m40cm　3本
　　　　　　　　2mm幅×1m40cm　4本
　　　　　　　　5mm幅×1m40cm　1本

※折れてつぎ足すこともあるため、余分に用意するとよい

張竹　7～8mm幅×80cm　1本
（厚み1mm強・表皮つき）

底に入れる竹　7～8mm幅×1m　2本
（厚み1mm以下・表皮つき）

和紙（美濃紙）　25×50cm　2枚

Lesson 1 菜籠

底を編む

この底は、市松底と呼ばれる基本的な編み方です。これは、タテ（経竹）を扇形にして編むとよいでしょう。11本どうしをすべて交差したら、開いてかたちを整えます。また、編みはじめる前日から、竹を一昼夜水につけてやわらかくしておくこと。

1 節が重なりあうのを避け、長さの中心に網目の中心がくるように気をつけて編みはじめます。

2 1辺17cmの正方形、あきは等間隔に。

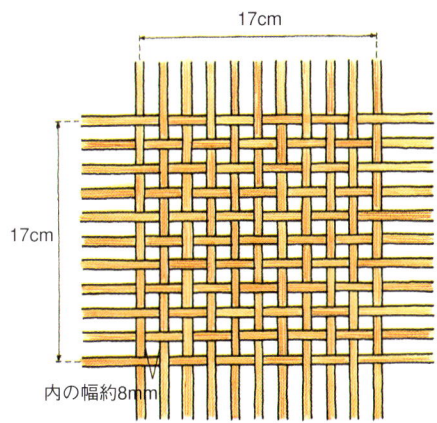

17cm
17cm
内の幅約8mm

Lesson 2 菜籠

胴を編む

竹を起こしながら、側面を編みます。
ヌキを1mm・2mm・5mmの3種類を用意します。
隅どうしを寄せて立体にするところは、細幅の1mm、また一番目につく胴のまん中あたりは、太めの5mmに替えます。
これは見た目のうつくしさと編みやすさ、両方の理由からです。

1 1辺のまん中あたりから1mm幅のヌキを差し込みます。

2 とくに隅に気をつけながら、底の竹にぴったり添わせて。

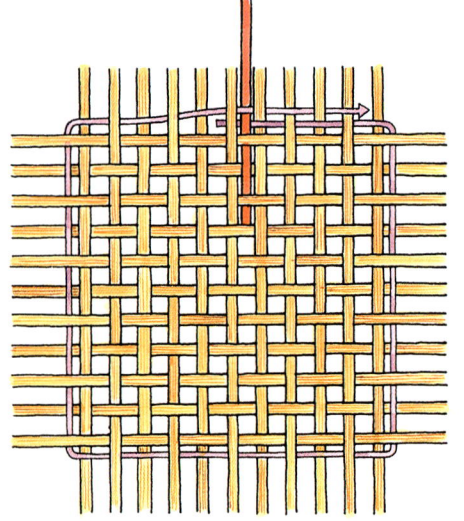

3 ヌキが1周した時点でマゴを1本入れます。

マゴを入れると奇数になるため、網目が互い違いになる

4 ヌキが切れたら網目にかけて仮止め。1辺20cmほどまで1mm幅のヌキを使って編み進めます。

✿つなぎはじめとつなぎ終わりは、仮止めしておかないとゆるんできます。完成してからはずします。

5 1辺の長さが20cmほどになりました。ここで全体を裏返し、底に張竹(7〜8mm幅)を4本、井桁に入れます。端が重なるぐらいの長さ(約18cm)です。

6 今度は2mm幅のヌキに変えて、側面を立ち上げていきます。起こす角度に気をつけながら、反発を左手で押さえつつ、右手でヌキを強く引いて。

Point
ここでヌキが浮いても動じないこと しっかり大きさを定めよう!

この立ち上げの段階では、どうしてもヌキがゆるみます。かなり引いて編んでいても、起こすほうの竹の反発が強いからです。

初心者はゆるんでくると不安になって、何度もほどいてやり直しますが、かなりゆるい状態(隅どうしが離れすぎているなど)でないなら、数段も編み続けていけば、自然におさまります。上の段を編むたびに下の段をきっちり押さえるのがポイント。

またここでは側面の角度が広がって、かたちが大きくなりがちです。仕組んだときに炭が踊らないように、自分が思っているよりも小さめのサイズを心がけます。それでちょうどよい大きさになるでしょう。

7 胴編みが終わりました。底が安定しているか、胴体や隅の網目が浮いていないかなどを、確認しておきます。これは深さ7.5cmにしましたが、風炉・炉の用途にあわせてお好みで。

ヌキの順序
1mm幅 3本
↓
2mm幅 2本
↓
5mm幅 1本
↓
2mm幅 2本

❀いずれも1m40cmの長さ。側面の高さ7.5cmを目指します。編んでいる途中で、網目のバランスを見ながら、ヌキの竹幅を変えるとよいでしょう。

7.5cm

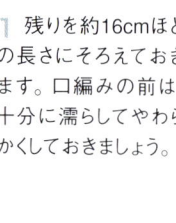

Lesson 3 菜籠

口を編む

六目籠と同様、口辺を処理します。胴が単純な平編みですので、口がポイントになるような編み方にしました。簡単で、しかも竹の流れがうつくしく見える止め方です。

1 残りを約16cmほどの長さにそろえておきます。口編みの前は、十分に濡らしてやわらかくしておきましょう。

2 幅を半分に割きます。節のところは堅いため、小刀かはさみで。

3 となりのタテ（経竹）2本の裏を通り、次の2本の表を通って、裏側に運びます。

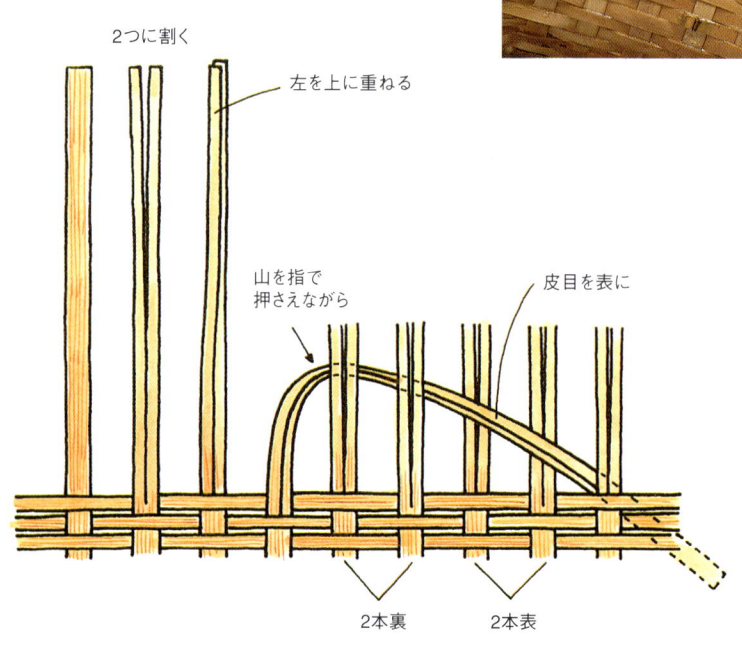

2つに割く
左を上に重ねる
山を指で押さえながら
皮目を表に
2本裏　2本表

6 ねじりをともなう口編みは、どうしても折れやすいもの。補修のやり方は34頁参照。

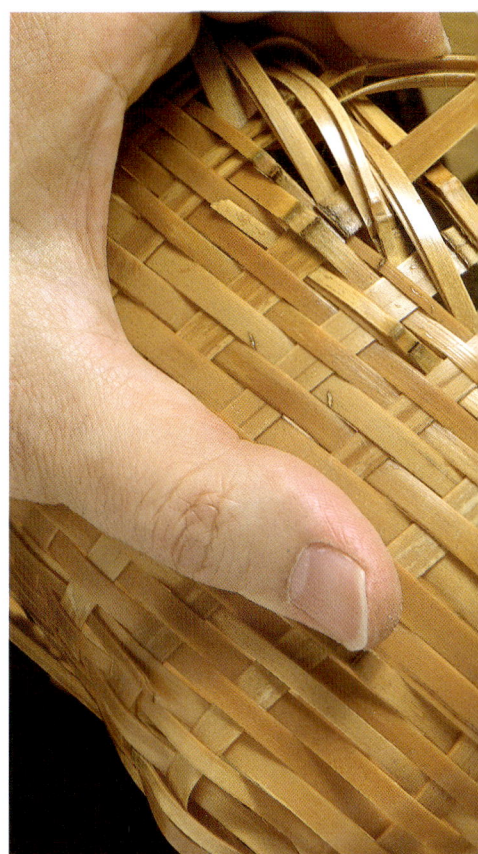

7 縁からはみ出したタテの残りをカットして、きれいにします。

4 1周めの最後は、他と同じになるように、最初の網目に入れます。

8 口編みが終わりました。

5 これできっちりと安定します。

Lesson 4 菜籠

底のすき間を埋める

底のすき間を埋めて、内貼がしやすいようにします。張竹とほぼ同幅ですが、少し薄い竹を使います。竹は差し込んだあとで短くカットして長さを調整します。これも、濡らしたやわらかい竹だとスムーズにいきます。

1 籠を伏せて置き、写真のように網目のすき間から竹を差し入れます。

○ 受ける役割の竹を使うと、この作業は簡単。やりにくいようなら、竹が厚いかもしれません。裏を少し削って、引き出しやすい厚みにします。

2 裏側の竹を表に出すとき、右手の竹の上をすべらせるようにして出します。

受ける役割の竹

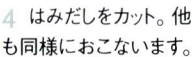

3 裏から見た状態。

4 はみだしをカット。他も同様におこないます。

Lesson 5 菜籠

内貼をする

和紙で内貼をして完成です。
内貼のやり方はさまざまですが、要は、炭の欠片が畳にこぼれないことが一番の目的。
本書では白地の和紙のままですが、汚れが気になる場合は、黒地の和紙（もしくは墨で染めた和紙）を貼ってもよいでしょう。

1 内側の縦、横、高さを採寸します。

2 高さは縁の際までとります（20頁のできあがりを参照）。

3 側面・隅・底の3つにわけて、互いが少しずつ重なりあうように、のりしろを余分にとります。

4 紙用のり（文具店で購入できる、大和のりなど）で、しっかり接着します。通常は2度貼りします。日陰の風通しのよいところに置いて、しっかり乾燥させたら完成です。

鶴首籠花入

竹の身を使った侘びた風情の花入で、裏千家玄々斎好みを元にした姿です。ひごづくりのときに、皮目と身の2つに割きますので、表皮つきひごは六目籠花入に、身のひごを鶴首籠花入に用いると、有効に使えます。口は編み戻しという技法でアクセントを加えます。中級者向き。

材料

ひご（表皮なし身だけ・画用紙ぐらいの薄さが目安）
- タテ（経竹）　4mm幅×1m　10本
- マゴ　　　　　4mm幅×50cm　9本
- ヌキ（横竹）　2mm幅×1m40cm　10本
　　　　　　　　4mm幅×1m以上　6〜7本
（ヌキは1本が長いと継ぐ回数が少なくてすむ）
※折れてつぎ足すこともあるため、余分に用意するとよい

張竹　　　　　4mm幅×60cm　1本
（厚み1mm弱・表皮つき・節なし）

Lesson 1 鶴首籠花入

底を編む1

市松底で四角く編んでから、徐々に丸底にします。この籠は、ひごが細く(身はとくにちぎれやすい)、網目も小さいため、編むときは、たっぷりと水に濡らして竹をやわらかくしておきましょう。

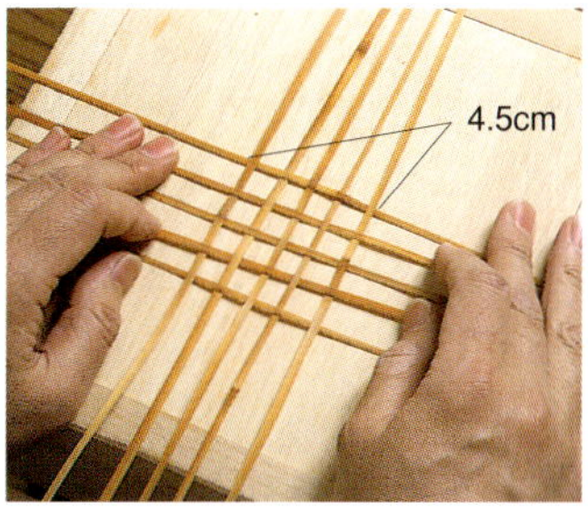

4.5cm

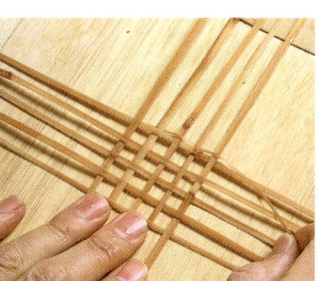

1 4mm幅のひご、縦5本、横5本を中心をあわせて交差させます。1辺4.5cmの正方形、あきは等間隔に。

2 2mm幅のヌキを周囲に添わせて編んでいきます。

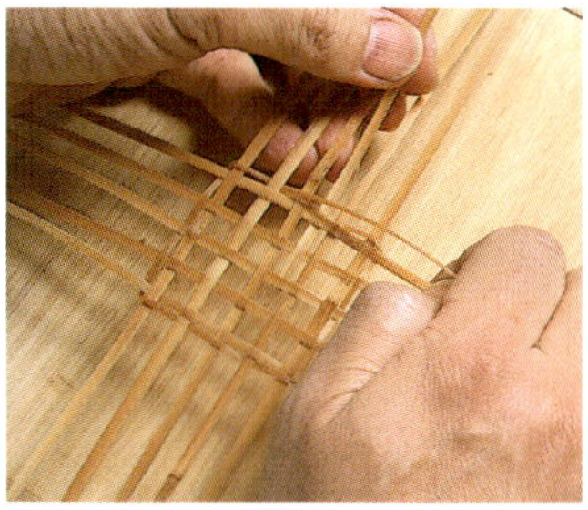

3 1周したら、4mm幅のマゴを1本入れます。

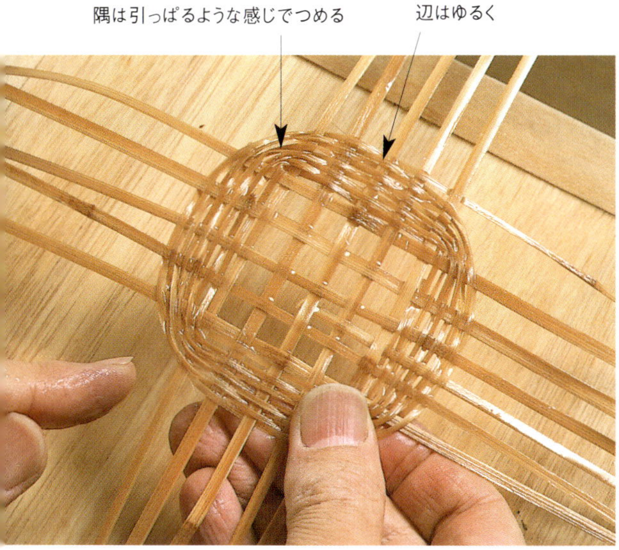

隅は引っぱるような感じでつめる
辺はゆるく

4 次第に丸底を目指します。

1cm
1.5cm

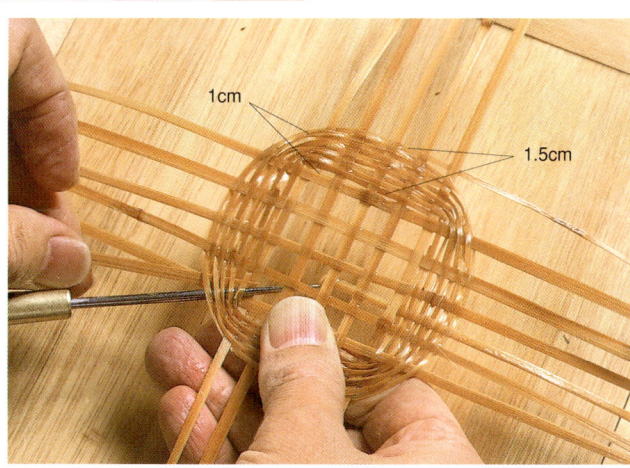

5 10周ぐらいすると隅がブカブカします。隅が1cm、辺の中央が1.5cmほどになったら、マゴを差し込む段階。

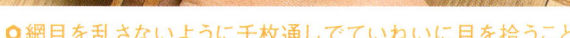

◎網目を乱さないように千枚通しでていねいに目を拾うこと

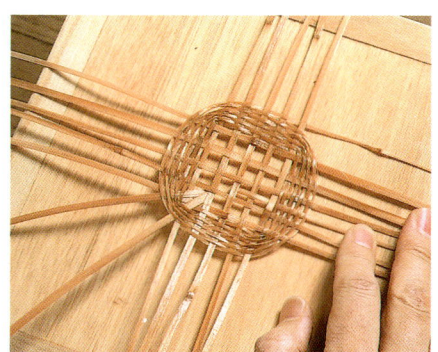

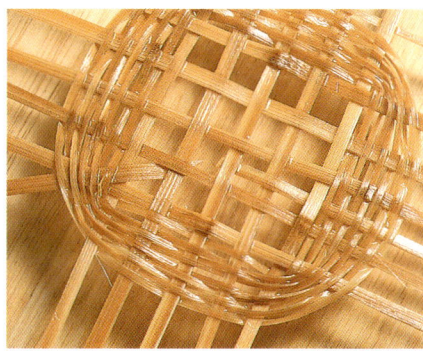

6 千枚通しを使って四隅に各2本ずつ、計8本のマゴ(4mm幅)をしっかり入れます。

Lesson 2 鶴首籠花入

底を編む2

マゴを足すと四隅が安定します。編み進んでいくと、ヌキの網目が均一になって、正円に近くなります。張竹を入れると、なお底がしっかりします。

1 直径が10cmほどになったら裏返して、底に張竹（4mm幅）を4本、井桁に入れます。

2 張竹は表皮がついたほうを表にします。表から見た状態。

Point

ひごは折れやすいもの。あたらしい竹を接いで、作業再開

このような細めのひごは折れやすいものです。初心者はこういうとき不安になりますが、心配いりません。あたらしい竹を接いで直しましょう。

折れたひごの際をぎりぎりにカット。同幅のひごを、はずれないように奥まで差し入れます。

はじめはブカブカしても、網目が増えていくと、しっかり安定します。

鶴首籠の場合、口辺の編み戻しでもひんぱんに折れますが、同じようにあらたな竹をつぎ足せば問題ありません。

網目の際までカット

折れたままだと不安定

Lesson 3 鶴首籠花入

胴を編む

鶴首籠の胴は壺形です。一番太いところにきたら、ヌキの太さを4mm幅に変えます。均一な網目に風合いが加わり、ざんぐりとした好ましい感じになります。

45度
まず45度曲げることを目指す

だんだん垂直にする気持ちで

1 底を手前にして持ち直し、これから側面を起こしていきます。

2 胴が最大13cmの太さになるまでは、ゆるやかに立ち上げます。

●底から胴や、肩から首にかけてなどかたちが変化する段階に使用するのが細いヌキ。さほどかたちが変化しないところは太いヌキで。言葉を替えれば、太いヌキは、目につきやすいところに使います。

3 高さが2cmを越えて完全に立つ状態になったら、ヌキを4mm幅に変えます。

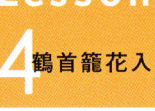

胴から首にかけて編む

この段階で籠のフォルムが決まります。うつくしい姿を目指しましょう。また、編み口を徐々に絞ることによって、竹の間隔が狭まって編みにくくなりますが、ふたたびヌキを細めに変えて、網目が不自然にならないように注意します。

1 バランスがよいところ（直径13cm・高さ4cmが目安）までできたら胴を絞っていきます。

2 肩にさしかかったら、またヌキを細め（2mm）に変えます。2mmでもきれいにいかないときは、1mm幅のひごにしましょう。

Point
離れて全体を見直すことが大切

求めるかたちがはっきりしていても、作業に没頭すると、全体のかたちを見失うことがあります。

このような壺形の胴は、個人の手加減で印象が大幅に変わるため、しばしば机上に置くなどして眺めることが大切です。

座りのよさ、腰のおさまり、肩の位置、網目の大きさなどをチェックして、バランスが悪いようなら、再度ほどきましょう。

せっかく編んだのだから……と、やり直しを躊躇する人がいますが、気にかかりながら編み続けても、結局のところ作品に愛着がわかず、使わないことが多いようです。

そうならないためにも、冷静に全体を眺める時間は、初心者にはとくに必要でしょう。

3 編み口がすぼまり、これ以上編めなくなったら、縦の竹2本を重ねて1本にします。

⦿タテはマゴを足して奇数になっているため、2本を1本にしたとき、あらかじめ1本になるところがあります。

4 首の太さは、直径4cmが目安。ヌキを再度太い4mm幅に変えます。

✿ 首が細いため
ヌキの節が堅いと、きれいに曲がらず、網目がそろいにくいものです。その場合は節を落として、あらたな竹をつぎ足しながら編み進めてもよいでしょう。

5 2本重ねたままだと堅くて作業しにくいため、首の根元が安定したら、2本の内側の1本をカット。

6 タテがまっすぐ上に伸びるように気をつけます（知らないうちにねじれてしまうため）。

21cm

7 胴と首が完成。

ヌキの順序

2mm幅　3本
↓
4mm幅　3本
↓
2mm幅　4本
↓
4mm幅　2本

✿ 本書では、2mm幅・4mm幅とも1m40cmの長さを使用。これより長い竹を使用したときは、表記のヌキの本数も変化します。バランスを見て変えるとOK。

Lesson 5 鶴首籠花入

口の始末、編み戻し

竹の特性を生かした「編み戻し」で、口の始末をします。きれいな流れを目指しましょう。なかでもここは、複雑な編み方をするため折れやすいところ。竹に負担がかかるのは仕方ありません。補修する場合、節をのぞいたまっすぐな部分を使えばうまくいくでしょう。

1 あらかじめ25cmほどにそろえておきます。

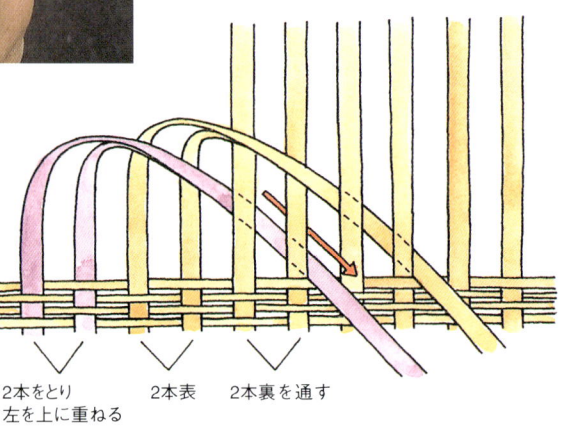

2本をとり左を上に重ねる ／ 2本表 ／ 2本裏を通す

3 1周めの最後は他と同じになるように、最初の網目に入れます。

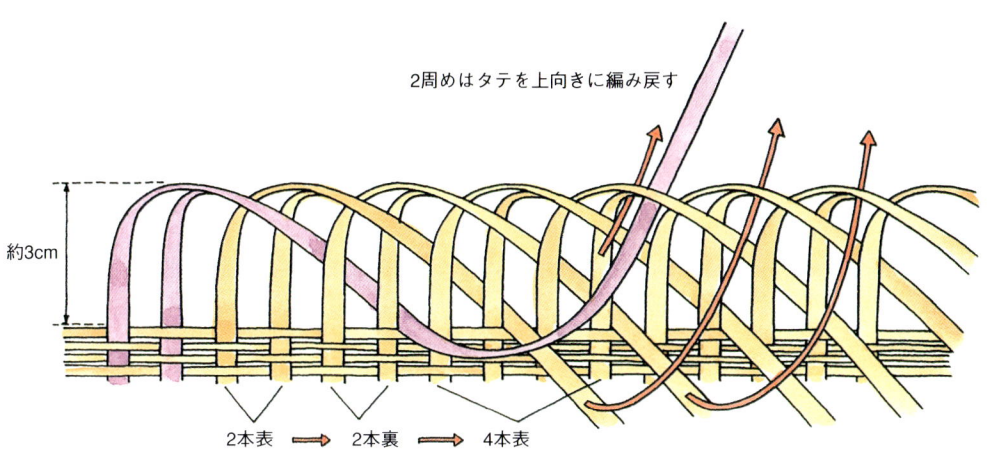

2周めはタテを上向きに編み戻す

約3cm

2本表 → 2本裏 → 4本表

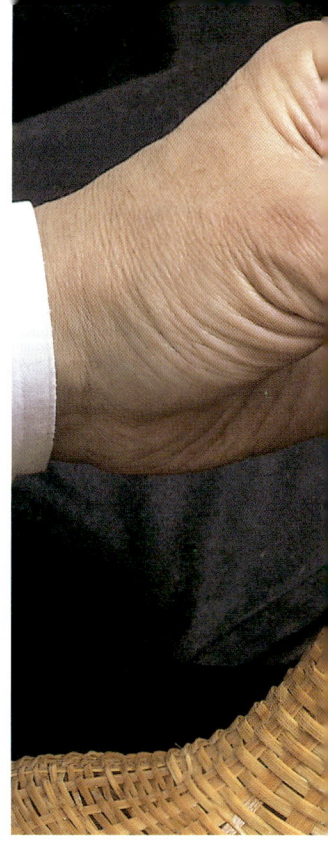

2 山を押さえつつ、端を右に流します。

○竹を上向きに編み戻すときに、きつく絞るとはじめの網目がつぶれます。様子を見ながら竹の流れを整えます。

4 2本をねじって上方向に流します。ねじる向きをすべて同じにしないと、網目がきれいにそろいません。

5 やりにくいときは、先端をななめにカット。

7 最後は、他と同じになるように最初の網目に入れます。

6 ふたたび先を下向きに戻して編み止めます。

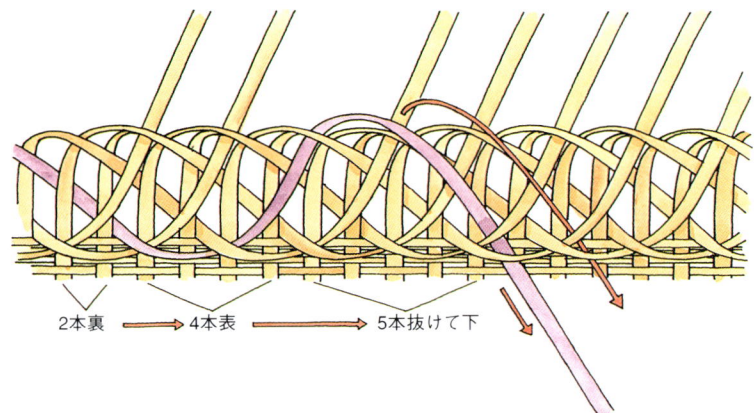

2本裏 → 4本表 → 5本抜けて下

8 ひげを整理します。3～4cmぐらいを目安にバランスよく仕上げます。2本を同じ長さにせず、段違いにするとよいでしょう。

9 ゆがみや流れを整えて完成。

3.5cm

籠 Q&A

素朴な疑問になんでも答えます！

Q 竹を割ってひごをつくるのが、たいへんむずかしそうです。官製ハガキの厚さにまで割く自信がありません。ひごづくりのコツを教えてください。

A 確かに初心者にとって、ひごづくりは難関。均一の厚さに薄く割けるようになるには、経験を積んで体で覚えるしかないでしょう。一番最後に半分にするとき、どうしてもやりにくいようなら、割かずに小刀で薄くしてもかまいません。また、節が立っていると作業がしにくいため、なるべく節の目立たない竹を選ぶことも大切。

Q ひごの幅が、本書に書かれているように、きっちりと4mmや2mmにできません。

A 記載の幅はあくまで目安です。本当はきっちりとこの幅にすることはしなくてもよいし、やらないほうがよいのです。いわば素人が編む茶席の籠は、工芸のプロが作品をつくるのとは別の楽しみ。多少太細の違いがあっても、気持ちよくざんぐりと編まれている作品は、それが籠に表れます。茶の湯の籠に求められているものは、緻密、正確な網目だけではありません。重要なのは「初々しさ」だと思います。

Q 籠づくりには、どんな竹を選べばよいでしょうか？

A 竹は、青竹→白竹→しみ竹・胡麻竹→煤竹の順で堅くなります。練習には青竹がよいでしょう。これなら編むときに、水に濡らしてやわらかくする必要がありません。切り出してしばらく経つと水分がとびますので、とってきたらすぐ編みましょう。ただし青竹は、徐々にきれいな緑が褪色するのは避けられません。味わいのある煤竹は高価で、しかも堅いですから、初心者にはとくにおすすめしません。

Q 途中で気に入らなくなってしまいました。網目もとばして編んでいるようです。どうしたらよいでしょうか。

A 籠づくりでは、ほどくのを恐れてはいけません。何度でもやり直しができるところが籠の特徴ですから。またはじめに、つくりたいフォルムをしっかり思い描いておきましょう。本書の中でも言いましたが、ときどき机上に置いて、離れて眺めてみることが大事。作業に夢中になるとつい忘れがちです。

Q 何を編んでも大きく（小さく）なりますが？

A おもしろいことに、個人の性格が反映されるのでしょう。手の大きさも関係するようです。そういう人は、ひんぱんにものさしで確認しましょう。見当で編み進められるようになるには経験が必要です。茶道具というものは、かならずそれにふさわしい寸法があります。大きさには敏感に。

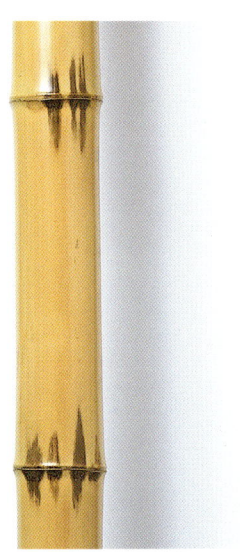

しみ竹
真竹の中でも、濃い茶褐色のまだらを持つものを「しみ竹」「しゅみ竹」と呼びます。模様の表れ方で印象が異なり、味わいのあるものがつくれます。

孟宗竹 もうそうちく
もっとも一般的で、用途が広い竹です。筍を食用にします。日本の竹類の中では最大で、太くて肉が厚いのが特徴です。茶道や華道の花器の他、竹箸やしゃもじ、枝は竹ぼうきに、また丸のまま建築材としても使用します。

真竹 まだけ
茶杓、竹籠、竹花入など何をつくるのにも重宝される竹です。表皮に光沢があり、強靭、緻密で、弾力性と粘りに富んでいます。筍は食用に適さず、いくぶん苦味があるところから「苦竹（にがたけ）」とも呼ばれます。

おもな竹の種類

煤竹 すすだけ
伝統的な藁葺屋根や民家の天井の構造材として使われていた竹は、100年以上もの間、煙にいぶされ、うつくしい茶褐色になりました。銘竹の中でも、もっとも高価で価値の高い竹です。

雲紋竹 うんもんちく
表面に濃い茶褐色の雲状の斑点がある竹です。おもに籠花入をつくるのに使われます。雲が広がったような濃淡のある景色で、趣きがあります。

胡麻竹 ごまだけ
晩年期の竹が自然に枯れはじめると、表面に胡麻に似た斑点が表れます。その胡麻の出方はさまざま。関東では「錆竹（さびたけ）」とも呼びます。

材料・とり扱い先

竹は一般的に、各地の銘木店、
竹材店などで、とり扱っています。
また小刀や鉈などは、デパートの刃物店、
ホームセンターで求めることができます。
まずは電話で問い合わせてください。（責・編集部）

[竹]

唐栄 とうえい
東京都江東区森下5-5-7
TEL　03-3633-7055

青石銘木店 あおいしめいぼくてん
東京都墨田区本所1-14-3
TEL　03-3622-1030
http://www.bluestone.co.jp/

浅井竹材店 あさいたけざいてん
名古屋市昭和区石仏町2-7
TEL　052-841-3781
http://home2.highway.ne.jp/y-asai/

竹平商店 たけへいしょうてん
京都市下京区大宮通五条上ル上五条町403
TEL　075-841-3803
http://www.takehei.jp/japan/

横山竹材店 よこやまちくざいてん
京都市上京区油小路通上長者町下ル亀屋町135
TEL　075-441-3981

竹虎 たけとら　山岸竹材店
高知県須崎市安和913-1
TEL　0889-42-3201
http://www.taketora.co.jp/
※ひごに加工して販売可。詳しくは問い合わせを。

[小刀・鉈]

木屋 きや
東京都中央区日本橋室町1-5-6
TEL　03-3241-0110
http://www.kiya-hamono.co.jp/

武田刃物工場 たけだはものこうじょう
岡山県新見市新見2055-1
TEL　0867-72-2749
http://www.dento.gr.jp/takedahamono/

[花（籠）環]

益田屋 ますだや
東京都新宿区百人町2-20-17
TEL　03-3362-3281
http://www.masuda-ya.co.jp/

室金物株式会社 むろかなものかぶしきがいしゃ
京都市中京区二条通柳馬場西入
TEL　075-211-5401
http://www.murokanamono.co.jp/

池田瓢阿　いけだ・ひょうあ
1951年、東京生まれ。本名、潔。
父は2代目瓢阿、兄は漆芸家池田巖。
武蔵野美術大学卒業後、竹芸の道に進む。
平成5年、3代瓢阿を襲名。三越本店において定期的に個展を開催。
古典の基本をしっかり押さえつつ、竹芸の新しい可能性をも探って、
精力的に活動している。
現在「竹楽会」を主宰。淡交カルチャー教室講師、淡交会巡回講師、
NHK文化センター講師、高崎芸術短期大学教授などをつとめる。
著作に「茶の竹芸　籠花入と竹花入　その用と美」「茶の湯手づくりBOOK
茶杓・共筒」「茶の湯手づくりBOOK　竹花入」(小社刊)がある。

池田先生の教室問い合わせ先
［竹花入・茶杓］
NHK文化センター青山　TEL 03-3475-1151
［茶杓・籠花入・炭斗など］
淡交カルチャー教室　TEL 03-5379-3227

撮影　岡崎良一
イラスト　飯島満
装丁・レイアウト　縄田智子　若山美樹　L'espace

茶の湯　手づくりBOOK
茶席の籠

平成15年5月8日　初版発行

指導　　　池田瓢阿
発行者　　納屋嘉人
発行所　　株式会社　淡交社
本社　　　京都市北区堀川通鞍馬口上ル
　　　　　営業　075・432・5151
　　　　　編集　075・432・5161
支社　　　東京都新宿区市谷柳町39の1
　　　　　営業　03・5269・7941
　　　　　編集　03・5269・1691
　　　　　http://tankosha.topica.ne.jp/
印刷製本　大日本印刷株式会社
　　　　　©2003　Hyoua Ikeda
　　　　　Printed in Japan
　　　　　ISBN4-473-01993-4